A Stand for Tim

By Megan Albrecht Illustrated by Pamela Leavens

Target Skill Review

Scott Foresman
is an imprint of
PEARSON

Dan and Tim will set up a stand.
Mom and Dad will help.

Dan and Tim get the cups.

Mom and Dad set up the stand.

Tim will fill it up.

Do not spill, Tim.

Dan will mix it.

Do not spill, Dan.

Lin said, "Will you fill up my cup?"

Do not spill, Tim.

Meg said, "Will you fill up my cup?"
Do not spill, Dan.

Dan and Tim have fun at the stand.
They did not spill.

Glenview, Illinois • Boston, Massachusetts • Mesa, Arizona • Shoreview, Minnesota • Upper Saddle River, New Jersey

Illustrations by Pamela Leavens

ISBN 13: 978-0-328-38731-1
ISBN 10: 0-328-38731-2

18 16

Listen to Me Reader

K.6.1

Scott Foresman
is an imprint of

PEARSON

ISBN-13: 978-0-328-38731-1
ISBN-10: 0-328-38731-2

Glenview, Illinois • Boston, Massachusetts • Mesa, Arizona • Shoreview, Minnesota • Upper Saddle River, New Jersey

Illustrations by Pamela Leavens

ISBN 13: 978-0-328-38731-1
ISBN 10: 0-328-38731-2

18 16

Listen to Me Reader

K.6.1

Scott Foresman
is an imprint of
PEARSON

ISBN-13: 978-0-328-38731-1
ISBN-10: 0-328-38731-2

FRISSONS EN 3-D!

Les Serpents

PAUL HARRISON

Broquet

Surprenants !

Les serpents font partie de la famille des reptiles. Pourtant, ils sont bien plus que des lézards sans pattes. Les serpents savent nager, ils peuvent identifier ce qui se trouve en face d'eux juste en étirant la langue, et peuvent même voler. Que tu les aimes ou que tu les détestes, tu découvriras qu'ils ne sont pas aussi horribles qu'ils en ont l'air.

▼ PONTE DES ŒUFS ET BÉBÉS VIVANTS

La plupart des serpents pondent des œufs. Contrairement aux œufs de poules, les œufs de serpents ont une texture légèrement rugueuse et ne sont pas aussi fermes. La plupart des serpents sont de terribles parents. Une fois les œufs pondus dans un lieu chaud – par exemple dans de la végétation pourrie – ils les abandonnent. D'autres serpents comme le crotale – aussi appelé serpent à sonnettes – donnent naissance à des bébés. Mais cela ne change en rien la piètre relation entre la mère et le bébé. Après à peine quelques jours de vie, les jeunes serpents doivent faire face au monde seuls.

CHAUD ET FROID ►

Comme tous les autres reptiles, les serpents ne peuvent produire leur propre chaleur corporelle comme nous. Ils doivent plutôt utiliser la chaleur de leur environnement pour se déplacer. Parfois, on les voit se réchauffer dans le soleil du matin. Par contre, quand la température chute, leur activité ralentit. Et s'il fait froid, les serpents peuvent mourir. S'il fait trop chaud, c'est tout aussi dangereux. Pour vivre, ils doivent donc équilibrer leur température corporelle.

OÙ LES TROUVE-T-ON ?

Puisque les serpents dépendent tant de la température, ce facteur a une grande incidence sur leur milieu de vie. Règle générale, on retrouve les serpents dans les parties du monde les plus chaudes. Les régions polaires et les sommets des montagnes sont tout simplement trop froids pour eux. Les serpents peuvent vivre dans l'eau – et c'est ce qu'ils font souvent, même dans les océans.

◄ TENDANCE OSSEUSE

Les serpents tiennent leur forme de leur squelette drôlement étendu. Contrairement à la majorité des animaux, les serpents peuvent avoir des centaines de côtes attachées le long de leur colonne vertébrale qui s'étend pratiquement sur toute la longueur de leur corps. De plus, sur certaines espèces de serpents, comme le python, on peut remarquer quelques petits bouts d'os – c'est ce qui reste de leurs pattes, disparues il y a quelques milliers d'années.

Sens

Étant des prédateurs, les serpents doivent capturer d'autres animaux pour survivre. Cela signifie que leurs sens doivent les aider à trouver leur proie avant que leur proie ne les remarque. Les serpents ont trouvé des moyens très spectaculaires de s'en assurer.

SIXIÈME SENS

La plupart des animaux ont un maximum de cinq sens : la vue, l'ouïe, le toucher, le goût et l'odorat. Pourtant, certains serpents ont un sixième sens – des capteurs de chaleur. Les crotalidés tiennent leur nom de la profonde fossette sensorielle qui se trouve de chaque côté de leur tête et qui détecte même les légers changements de température. Cette fossette est des plus pratiques lorsque les crotalidés chassent des proies à sang chaud puisque la chaleur corporelle de leur proie altère la température de l'air qui l'entoure, ce qui aide les crotalidés à la localiser.

◄ ORGANE UTILE

C'est principalement grâce à l'odorat et au goût que les serpents identifient ce qui les entoure. En revanche, les serpents n'utilisent pas seulement leurs narines pour sentir – ils utilisent aussi la langue ! Si tu observes un serpent, tu remarqueras que sa langue fait continuellement un mouvement de va-et-vient. Ce n'est pas parce que le serpent est mal élevé, mais plutôt parce qu'il se sert de sa langue pour « goûter » l'air qui l'entoure. De cette façon, il fait pénétrer de l'air dans sa bouche, à l'intérieur de laquelle se trouve une cavité appelée l'organe de Jacob, et qui lui sert à détecter ce qui compose les particules d'air.

MAIS OÙ SONT LES OREILLES ?

Les serpents n'ont pas d'oreilles comme toi et moi. D'ailleurs, leur sens de l'ouïe est terrible. Heureusement, ils ont beaucoup de talent lorsque vient le temps de ressentir les vibrations provenant du sol. De cette façon, ils peuvent déterminer si quelque chose – ou quelqu'un – se déplace à proximité.

COUCOU ! ►

La plupart des serpents ont un sens de la vue relativement correct, mais certaines espèces voient mieux que d'autres. Le sens de la vue du *masticophis flagellum* est si développé qu'il utilise principalement la vue, plutôt que ses autres sens, pour chasser. Le problème des serpents est qu'ils sont au ras du sol et qu'ils ne peuvent voir à une grande distance. Pour contourner ce problème, le serpent soulève son corps pour voir par-dessus les hautes herbes, comme un périscope au-dessus de la mer.

Déplacements

On pourrait croire que sans jambes ou bras, se déplacer peut devenir un problème. Pas pour le serpent ! Grâce à sa longue colonne vertébrale et à toutes ses côtes, le serpent est très souple. Cet ingénieux reptile a d'ailleurs trouvé plusieurs moyens de se rendre du point A au point B...

▼ UN PEU COMME DES POISSONS

La dernière chose que l'on s'attend à voir sous l'eau est un serpent. Pourtant, plusieurs espèces adorent littéralement l'eau – à un tel point qu'ils y vivent en permanence. Certains d'entre eux, comme le serpent de mer Hardwick (*lapemis hardwickii*) a une queue aplatie qui l'aide à se déplacer dans l'eau.

EST-CE UN OISEAU ? ▶

Pourquoi prendre la peine de descendre d'un arbre pour remonter dans le suivant quand on peut voler? C'est précisément ce que fait le serpent volant ou serpent doré du sud de l'Asie. En fait, il ne vole pas, il plane. Il s'élance du sommet d'un arbre et aplatit son corps à mi-distance dans les airs. Cela ralentit sa chute et lui permet de se diriger vers l'arbre voisin.

MUSIQUE MORTELLE

Pour se déplacer, le serpent glisse sur le sol. Pour y arriver, il se pousse contre toute bosse du sol à l'aide des muscles de son ventre. L'autre méthode utilisée pour épier sa proie consiste à étirer son corps pour ensuite amener l'arrière de son corps à l'avant, un peu comme un accordéon, mais en plus dangereux.

▲ CROTALE CORNU

Les serpents se sont adaptés afin de pouvoir se déplacer de plusieurs façons selon le type de surface sur lequel ils se trouvent. Le crotale cornu du sud-ouest de l'Amérique tient son nom de sa drôle de façon de se déplacer latéralement. Saisir du sable lisse et glissant est difficile. Le crotale cornu, comme beaucoup d'autres serpents du désert, lance son corps vers l'avant plutôt que de le faire glisser.

Crocs et venins

Mordre et cracher sont de très mauvaises manières, mais les serpents n'ont pas vraiment le temps de se préoccuper de cela. Sois donc averti... ces reptiles peuvent être des clients très irritables...

▼ DES CROCS FABULEUX

Les crocs des serpents sont des outils extrêmement développés – bien plus que nos dents d'ailleurs ! Les crocs avant des serpents sont habituellement creux. Cela lui permet d'injecter du poison dans ses victimes lorsqu'il les mord. Et ce n'est pas tout ! Les crotalidés peuvent faire bouger leurs dents. Normalement, les crocs des crotalidés sont repliés dans une pochette spéciale au haut de la bouche. Mais quand vient le temps de passer à l'attaque, les crocs se placent en position et le serpent est prêt pour le dîner.

▼ POISON

Le poison des serpents – appelé venin – est une substance étonnante. Elle est constituée de différentes toxines qui ont toutes un rôle différent. Certaines toxines attaquent le cœur ou les muscles de l'animal qui s'est fait mordre. Une autre toxine a la capacité de détruire les tissus corporels, alors qu'une autre provoque des saignements internes. Les serpents venimeux n'ont pas toutes ces toxines. Par ailleurs, toutes ces toxines ne sont pas très nuisibles pour l'humain, mais il est tout de même préférable d'éviter les morsures de serpents.

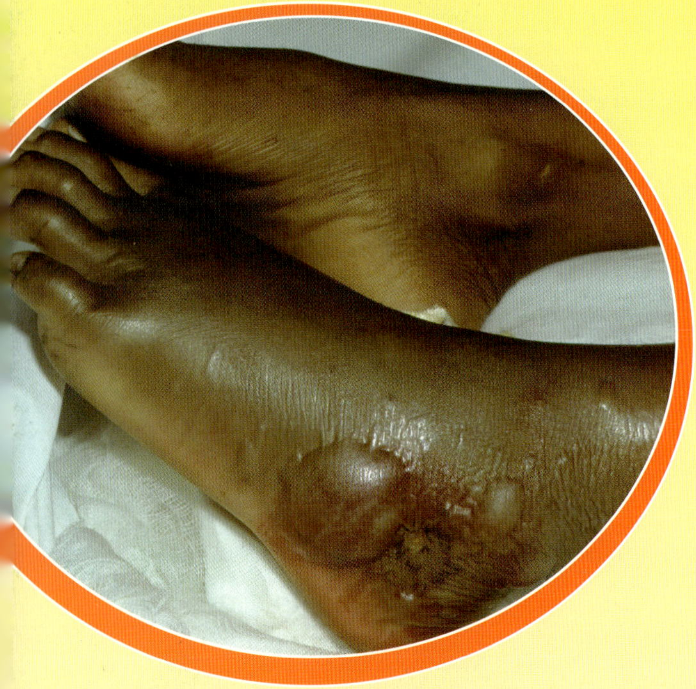

▲ CRACHER

Cracher est une autre mauvaise habitude, mais pour le serpent, c'est un excellent moyen de défense. Le cobra à cou noir peut projeter un jet de poison de sa bouche directement dans les yeux de quiconque le menace. Le poison provoque une sensation de brûlure, ce qui est amplement suffisant pour faire fuir tout prédateur potentiel. Fait étonnant, ce crachat est projeté avec précision jusqu'à une hauteur de 2,5 mètres, ce qui prouve qu'il n'est pas nécessaire d'être mordu par un serpent pour souffrir.

À L'AVANT ET À L'ARRIÈRE

Certains serpents semblent beaucoup plus sympathiques que d'autres. Quoi qu'il en soit, il est toujours préférable de ne pas déranger un serpent, peu importe son apparence, pour la simple et bonne raison qu'ils ont tous des dents... Certains ont de grands crocs à l'avant ou à l'arrière de leur bouche, d'autres ont de plus petites dents, qui peuvent s'étaler sur 6 rangées ! Les dents des serpents sont recourbées vers l'arrière. Dès qu'ils saisissent une proie, il est peu probable qu'elle réussisse à s'échapper.

Toute une étrei

Tous les serpents ne se fient pas sur les morsures et le poison pour tuer leurs proies. Certaines espèces, appelées constrictors, sont reconnues pour leur capacité d'étranglement. Ces serpents enroulent leur corps autour de celui de leur victime et la serrent jusqu'à ce qu'elle meurt. Les constrictors n'écrasent pas leur proie, ils la serrent si fort qu'elle ne peut plus respirer et finit par suffoquer.

PETITES TERREURS

Tous les constrictors ne sont pas des serpents géants comme le python ou l'anaconda. La couleuvre obscure et la couleuvre tachetée compriment aussi leur proie. Même si certains de ces serpents deviennent très gros, d'autres espèces ont une longueur de moins d'un mètre, ce qui est beaucoup moins inquiétant pour les gros animaux.

LE PLUS GRAND DES GRANDS ▶

Le plus grand des serpents est le python réticulé. Ce gigantesque serpent peut atteindre 9 mètres de long. On le retrouve dans les forêts tropicales de l'Asie. Comme tous les serpents constrictors, le python ne chasse pas sa proie – il l'attend plutôt, confortablement dissimulé dans un arbre, puis il se jette sur elle pour s'enrouler autour de son corps avant qu'elle ne puisse s'échapper.

e...

MERVEILLE AQUATIQUE

Même s'il n'est pas aussi long que le python réticulé, le champion des poids lourds du monde des serpents est l'anaconda. En fait, les anacondas font partie de la famille des boas – l'autre principal type de serpents constrictors. Les anacondas sont heureux dans l'eau. On les retrouve donc dans les rivières et lacs de l'Amérique du Sud. Assez gros pour tuer un caïman, l'anaconda est probablement la dernière créature que tu souhaites croiser si tu fais une petite saucette dans l'eau !

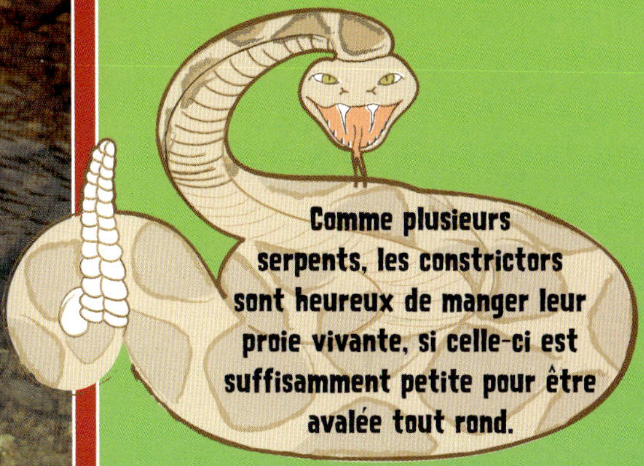

QUE VOUS AVEZ UNE GRANDE BOUCHE ! ▶

Les gros serpents ont besoin de gros repas. Il y a donc peu d'animaux qui peuvent se promener sans être reluqués par ces prédateurs géants. Il n'est pas rare qu'un python ou un anaconda tue un cerf ou un cochon sauvage. Pourtant, ces serpents ne mastiquent pas leurs aliments. Alors comment peuvent-ils manger un cerf ? C'est bien simple ! Il dégonde sa mâchoire et avale l'animal entier ! Un gros repas comme celui-là peut d'ailleurs tenir un serpent repu pendant plusieurs jours.

Vous êtes préve

Malgré leur réputation, les serpents ne cherchent pas les problèmes. En fait, c'est tout le contraire. Habituellement, les serpents préfèrent fuir plutôt que se battre. Ils feront d'ailleurs des pieds et des mains — façon de parler ! — pour avertir et effrayer quiconque pourrait représenter une menace potentielle.

LE JEU DES APPARENCES

Un des meilleurs trucs pour effrayer les prédateurs est de donner l'impression qu'on est plus imposant que dans la réalité. Les cobras sont particulièrement doués à ce jeu puisqu'ils ont une espèce de capuche sur la tête. En fait, c'est un volet de peau situé derrière la tête qui peut se déployer. Le cobra se lève donc en déployant sa capuche pour créer une scène tout à fait intimidante. Les cobras sont très venimeux. La menace ne vient donc pas que de la position.

us !

DING DONG...

Un des systèmes d'avertissement les plus célèbres chez le serpent est la sonnette du serpent à sonnettes. L'extrémité de la queue du serpent à sonnettes – que l'on appelle aussi le crotale – est constituée de plusieurs sections de matière osseuse lâchement reliées. Lorsque le serpent à sonnettes se sent menacé, il secoue son hochet osseux qui produit alors un son qui s'apparente à celui d'une sonnette. Puisque ces serpents sont venimeux, si tu entends une sonnette, tu as tout intérêt à ne pas ignorer l'avertissement et à t'éloigner aussi rapidement que possible.

◄ MAGNIFIQUE, MAIS MORTEL

Le serpent se sert de sa couleur – comme beaucoup d'autres espèces d'animaux – en guise d'avertissement. Règle générale, l'apparence colorée du serpent – comme ce serpent corail de l'Amérique du Nord ou serpent-arlequin – sert d'avertissement aux prédateurs potentiels. Elle indique que le serpent est venimeux et que les prédateurs n'ont qu'à bien se tenir. En revanche, cela ne signifie pas que tous les serpents colorés sont venimeux. Certains serpents non venimeux ont l'apparence de serpents venimeux – par exemple, certaines couleuvres tachetées ressemblent à des serpents-arlequins – dans le but de tromper les prédateurs et de leur faire croire qu'ils sont dangereux, alors qu'ils ne le sont pas.

AVERTISSEMENT RAPIDE ►

Comme nous l'a appris le serpent à sonnettes, le bruit est un moyen efficace pour le serpent de dire qu'il est là et qu'il n'est pas de très bonne humeur. Pour se faire entendre, le serpent n'a pas besoin d'un hochet ou d'une sonnette – un sifflement bien dirigé peut être tout aussi efficace. La couleuvre à nez mince est passée maître dans l'art de menacer ses prédateurs avec son sifflement. Lorsqu'on la dérange, elle peut émettre un sifflement particulièrement fort, accompagné d'un grognement assez convaincant.

Menace humaine

Il existe des centaines de serpents différents. Certains très petits et d'autres immenses comme le python. Les plus grands pythons sont au haut de la chaîne alimentaire et n'ont aucun prédateur naturel, à l'exception de l'être humain. Malheureusement, notre espèce prouve une fois de plus qu'elle peut être une grave menace pour ces fabuleuses créatures.

Le venin est utilisé pour traiter des maladies depuis des centaines d'années.

▼ MÉDECINE NUISIBLE

La médecine moderne extrait le venin du serpent de façon très humaine qui ne fait aucun mal au serpent. Ses dents sont appuyées contre un contenant, ce qui entraîne l'écoulement du poison. Malheureusement, on ne peut pas en dire autant des médecines traditionnelles, tout particulièrement en Asie, qui utilisent des morceaux de serpent dans leurs potions.

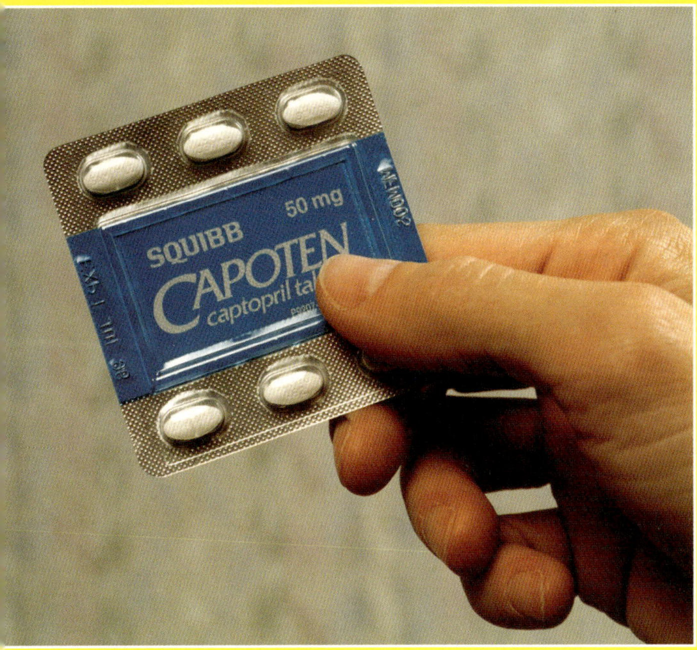

◄ TUER OU GUÉRIR

Crois-le ou non, le venin de serpent pourrait te sauver la vie ! Le venin est utilisé pour traiter des maladies depuis des centaines d'années – habituellement sans aucun effet bénéfique. Pourtant, récemment, des scientifiques ont réalisé qu'il y avait peut-être quelque chose de bénéfique dans ces traitements. Le venin de serpent est maintenant utilisé pour créer des médicaments qui combattent de nombreuses maladies, dont les AVC, les problèmes cardiaques et même le cancer.

PUBLICITÉ TROMPEUSE

Bien des gens ont peur des serpents, mais souvent pour les mauvaises raisons. Nous savons qu'ils sont suffisamment venimeux ou gros pour nous tuer, et nous présumons du même coup qu'ils cherchent à nous attaquer. Dans la réalité, les serpents sont très timides, mais cela n'empêche pas les mauvaises langues de leur faire une publicité trompeuse pour avoir l'excuse de les chasser. Par exemple, des battues sont parfois créées en Amérique. Des serpents à sonnettes et d'autres serpents venimeux sont éradiqués de certaines régions et transportés dans une zone dans laquelle ils sont souvent tués et parfois mangés.

SAUVEZ NOTRE PEAU ▼

Malheureusement pour ces serpents, leur peau est une matière recherchée par certains fabricants de vêtements. Il est toujours possible d'acheter des sacs, des ceintures et des chaussures en peau de serpent. On peut même acheter des bijoux fabriqués à partir de morceaux de serpent. Pour les serpents, le mauvais goût vestimentaire de certains est une mode mortelle.

Broquet

97-B, Montée des Bouleaux, Saint-Constant, Qc, J5A 1A9
Tél. : 450-638-3338, Téléc. : 450-638-4338
Site Internet : www.broquet.qc.ca Courriel : info@broquet.qc.ca

Catalogage avant publication de Bibliothèque et Archives nationales du Québec et Bibliothèque et Archives Canada

Harrison, Paul, 1969-
Les serpents
(Frissons en 3-D !)
Traduction de : Snakes.
Pour enfants de 4 ans et plus.
ISBN 978-2-89654-196-6
1. Serpents - Ouvrages pour la jeunesse. 2. Serpents - Ouvrages illustrés - Ouvrages pour la jeunesse. I. Titre. II. Collection: Frissons en 3-D !.
QL666.O6H3714 2010 j597.96 C2010-941359-8

POUR L'AIDE À LA RÉALISATION DE SON PROGRAMME ÉDITORIAL, L'ÉDITEUR REMERCIE
Le Gouvernement du Canada par l'entremise du Programme d'aide au développement de l'industrie de l'édition (PADIÉ) ; La Société de développement des entreprises culturelles (SODEC) ; L'Association pour l'exportation du livre canadien (AELC). Le Gouvernement du Québec - Programme de crédit d'impôt pour l'édition de livres - Gestion SODEC.

Cette édition a été publiée en 2008 par Arcturus Publishing Limited
26/27 Bickels Yard, 151–153 Bermondsey Street, London SE1 3HA

Auteur : Paul Harrison
Graphiste : Talking Design, Maki Ryan, Beatriz Waller
Conception de la page couverture : Maki Ryan, Beatriz Waller
Rédacteur : Rebecca Gerlings
Illustrateur (lunettes) : Ian Thompson

Références des illustrations :
NHPA : page couverture ; page titre ; page 2 ; page 3, bas ; page 4 ; page 5, haut ; pages 6 et 7 ; page 8, en bas à gauche et à droite ; page 9, découpe ; page 10 ; page 11, haut ; page 12 ; page 13, bas ; page 16. **Nature Picture Library :** page 3, haut ; page 5, milieu et bas ; page 7, haut et milieu ; page 9, haut ; page 13, haut ; page 13, milieu et couverture arrière ; page 14 ; page 15, bas. **Science Photo Library :** page 11, bas ; page 14, page 15, haut. Images 3D par **Pinsharp 3D Graphics**

Pour l'édition canadienne en langue française
Traduction : Anne-Marie Courtemanche
Correction d'épreuves : Andrée Laprise
Infographie : Annabelle Gauthier

Dépôt légal — Bibliothèque et Archives nationales du Québec
4e trimestre 2010

Imprimé en Chine

ISBN : 978-2-89654-196-6